LE CRIME
DE
LA GUERRE

PRÉCÉDÉ

D'UNE LETTRE AU ROI DE PRUSSE

PAR

L. DELMAS

PASTEUR PRÉSIDENT DU CONSISTOIRE DE LA ROCHELLE.

TROISIÈME ÉDITION.

PRIX : **50** c.

AU PROFIT DES VICTIMES DE LA GUERRE.

LA ROCHELLE

THOREUX, LIBRAIRE,　　　PETIT, LIBRAIRE,
Rue du Palais.　　　　　　Rue du Palais.

Vᵉ RENAUD, LIBRAIRE,
Rue Chaudrier.

1871

LE CRIME
DE
LA GUERRE

PRÉCÉDÉ

D'UNE LETTRE AU ROI DE PRUSSE

PAR

L. DELMAS

PASTEUR PRÉSIDENT DU CONSISTOIRE DE LA ROCHELLE.

TROISIÈME ÉDITION.

PRIX : 50 c.
AU PROFIT DES VICTIMES DE LA GUERRE.

LA ROCHELLE

THOREUX, LIBRAIRE,　　PETIT, LIBRAIRE,
Rue du Palais.　　　　　Rue du Palais.

Vᵉ RENAUD, LIBRAIRE,
Rue Chaudrier.

—

1871

Cet opuscule écrit à la suite de longues nuits sans sommeil, durant lesquelles l'auteur était dans l'angoisse, croyant un de ses fils perdu et l'autre blessé dans les armées de Paris et de la Loire, ne peut que se ressentir des tristes préoccupations qui l'obsédaient pendant ce travail. Si dans les graves circonstances où nous nous trouvions, il a cru faire acte de bon citoyen, en le publiant au mois de janvier, malgré ses imperfections, il croit remplir aujourd'hui un devoir en le rééditant au milieu des malheurs accumulés sur notre patrie, lorsque les horreurs de la guerre civile sont venues s'ajouter à celles de l'occupation étrangère.

Dans l'intérêt des principes qui y sont exposés, il compte sur le concours des amis de la paix pour en aider la propagation.

Selon le désir exprimé par quelques personnes, il y a joint la lettre qu'il avait précédemment adressée au Roi de Prusse, qui n'était pas encore Empereur d'Allemagne.

27 Mai 1871.

AU ROI DE PRUSSE.

SIRE,

Depuis qu'enivré par la victoire, vous avez failli à votre parole royale annonçant « que vous faisiez la guerre non à la France mais à l'Empereur, » n'y a-t-il eu auprès de vous aucun pasteur fidèle qui vous ait rappelé la maxime du sage : « Celui qui est maître de son cœur est plus fort que celui qui prend des villes ? »

Depuis que vous avez changé votre rôle de souverain injustement attaqué contre celui de monarque agresseur, n'y a-t-il pas eu dans votre famille quelque âme juste et humaine qui vous ait fait sentir que la guerre continuée dans ces conditions cesse d'être une guerre légitime pour devenir une lutte inique, indigne de l'Évangile et du nom que vous portez ?

Depuis que, cédant aux inspirations d'une politique ambitieuse et égoïste, vous avez formulé l'intention de spolier la France d'une partie de son territoire, et poursuivi ce projet par la dévastation et par le massacre de populations inoffensives, n'y a-t-il eu dans votre conscience aucune secrète protestation contre ces actes de barbarie, dont vos armées donnent au monde le hideux spectacle ? Ou seriez-vous assez ébloui par le succès, pour ne pas voir que de tels procédés sont contraires aux lois divines et humaines ?

Sans doute, il convient de rendre grâces au Dieu qui donne la victoire, mais l'Éternel n'est pas le Dieu des armées, dans le sens que le vulgaire attache à cette expression et que vous semblez y attacher vous-même. Il ne vous a pas investi de ses pouvoirs, il ne vous a pas chargé d'être cruel envers la France, de brûler ses villes, de ravager ses campagnes ni d'exterminer ses habitants. N'avez-vous pas craint d'offenser le Père des miséricordes et d'inspirer du dégoût pour votre religion, en mêlant ce nom adorable à des actes de férocité qui révoltent la conscience publique ?

Sans doute, celui qui a allumé la guerre entre deux peuples faits pour s'estimer et pour s'aimer, est un grand coupable. Il a déjà reçu le châtiment de son double crime contre l'humanité et contre la nation française, par l'exil et par la défaite. Il le recevra dans l'histoire, qui flétrira sa folie et sa lâcheté. Il le recevra dans le ciel, où Dieu lui demandera compte du sang qu'il a fait répandre.

Mais si Napoléon III a assumé une terrible responsabilité en cherchant une injuste querelle à l'Allemagne, Guillaume de Hohenzollern serait-il sans reproche de continuer cette horrible guerre, lorsque la France vaincue a demandé la paix, offrant une équitable réparation du dommage causé par celui qu'elle a eu le malheur de mettre à sa tête et à qui doivent être imputées les désolations qui nous visitent : car, de votre propre aveu, Sire, la France a toujours désiré de vivre en paix avec votre peuple.

Ah ! si après le désastre de Sedan, nous eussions été heureux de voir un prince qui professe le christianisme accepter la paix qui lui était demandée et arrêter une lutte fratricide, quelles n'ont pas été notre confusion et notre douleur en voyant Votre Majesté poursuivre une guerre d'extermination et rendre la guerre interminable en exigeant, sous prétexte de la sécurité de l'Allemagne, une cession de territoire à laquelle la France ne saurait honorablement consentir ; car les provinces que vous revendiquez sont françaises par le cœur ; elles veulent rester françaises. Or, les peuples ne sont pas un vil bétail dont les despotes puissent disposer, sans tenir compte de leurs aspirations et de leurs sympathies.

Vieillard, près de paraître devant Dieu, à quoi peut vous servir un agrandissement de territoire couvert de sang, de cadavres et de ruines, lorsque bientôt quelques pieds de terre vous suffiront pour dormir dans votre sépulcre ?

Non, Sire, la religion du Christ ne vous permet pas de précipiter les uns contre les autres, dans l'intérêt d'une politique personnelle, des peuples qui n'ont aucun motif de s'entre-détruire. Les hécatombes humaines ordonnées par les souverains sont une violation scandaleuse de ses principes. Aussi les ennemis de Dieu triomphent-ils de ce recul de la civilisation et de cette éclipse du Christianisme, prétendant que l'Évangile est impuissant à maîtriser le cœur des hommes et à prévenir l'effusion du sang.

Non, vous ne pouvez pas brûler la capitale de la France ; non, vous ne pouvez sacrifier des milliers d'innocents à votre soif de conquêtes. Vous auriez peur de vous-même ! Vous n'oseriez plus vous prosterner devant Dieu ! Votre épouse reculerait épouvantée si vous rentriez dans votre palais après avoir froidement consommé cet acte de vandalisme, ou plutôt ce crime de lèse-humanité. Votre mémoire serait en exécration aux races futures !

Que le Tout-Puissant daigne arrêter votre bras avant que vous frappiez le coup qui vous perdrait vous-même, en perdant vos adversaires ! Puissent les cris des Rachel, menacées par votre ambition de perdre ceux qu'elles ont mis au monde, ne pas troubler votre dernière heure ! Puisse le sang répandu ne pas s'élever contre vous en jugement ! Puissiez-vous faire bénir votre nom en vous hâtant de rendre à la France et à l'Allemagne la paix après laquelle elles s'accordent à soupirer !

La lettre de l'humble pasteur d'une Église dont le passé n'est pas sans gloire parviendra-t-elle jusqu'à vous ? Daignerez-vous en tenir compte ?... Quoi qu'il en soit, veuillez bien croire qu'en vous l'adressant, je n'ai aucune intention de vous offenser ; je parle sans art et sans flatterie, parce que les temps sont solennels et que votre premier besoin est d'entendre la vérité ; j'estime que votre politique implacable ne fait pas honneur à votre piété : je me voile la face devant cette humiliante contradiction, mais je ne suis pas irrespectueux pour votre personne.

Vous n'ignorez pas, d'ailleurs, que nous sommes accusés de sympathies secrètes pour votre cause, parce que vous professez notre religion. Or, c'est là une odieuse calomnie, et je dois au Dieu que je sers et en qui j'espère, de répudier au nom de mes frères en la foi, toute solidarité avec vos sinistres projets, et de protester contre les maux que, depuis la chute de l'Empire, vous faites injustement peser sur notre patrie.

J'ai l'honneur d'être avec respect,

Sire,

Votre très-humble et très-obéissant serviteur.

DELMAS, PASTEUR,
PRÉSIDENT DU CONSISTOIRE DE LA ROCHELLE.

La Rochelle, 15 Novembre 1870.

LE CRIME
DE
LA GUERRE

Quoique la guerre soit le plus grand des crimes qui puisse être commis sous les cieux, cette vérité n'est pas évidente pour tout le monde. Voilà pourquoi la Ligue internationale de la paix a proposé de décerner un prix au meilleur mémoire sur le *Crime de la guerre*. Je n'ai pas la prétention de concourir. Mon unique but est de porter dans les esprits la conviction qui me pénètre, en exposant d'une manière concise un sujet digne des méditations du philanthrope et du chrétien. Il a d'ailleurs un intérêt poignant d'actualité au milieu des tragiques événements qui épouvantent notre pays. A la pensée des maux sans nombre qu'enfante la guerre, j'éprouve une telle indignation contre ceux qui la provoquent, qu'il semble quelquefois que ma poitrine va se rompre et je trouve du soulagement à en démasquer les horreurs.

De tout temps la guerre a constitué un attentat contre les droits et les intérêts de l'espèce humaine. Mais elle a revêtu souvent un caractère chevaleresque qui lui donnait du prestige, et qui semblait atténuer ce qu'elle a de criminel et d'odieux. Toutefois je n'ai lu nulle part l'apologie de la guerre. Ceux qui prêchent la guerre sainte, ne vont pas jusqu'à glorifier ce forfait en lui-même. Ils se bornent à exalter la légitimité de certains soulèvements et de certaines prises d'armes. — Mais de nos jours, où les engins destructeurs ont été perfectionnés d'une manière effrayante; de nos jours, où on extermine des armées entières en quelques heures, avec une précision mathématique, la guerre cesse d'être une carrière ouverte à la valeur et au courage personnel, pour devenir une boucherie ; elle prend un caractère d'atrocité qui devrait faire reculer les hommes voués aux instincts les plus féroces.

Le crime est une atteinte grave à la loi morale et religieuse, un acte qui blesse l'intérêt de la société et les droits du citoyen. Commettre une action de cette nature, c'est être un scélérat, coupable devant Dieu et devant les hommes.

Quand on parle de crime et de criminels, l'esprit se porte aussitôt sur les prisons cellulaires, sur les bagnes et sur les échafauds ; on pense involontairement aux Lacenaire, aux Pommerais, aux Dumolard, aux Tropmann, etc., qui se sont rendus célèbres par d'exécrables forfaits. Mais ceux qui commettent le crime dont nous parlons ont une autre destinée, ils sont assis sur le trône, ils demeurent dans les chancelleries et les ambassades, ils ont des équipages et des palais. Accompli contre les particuliers, le meurtre est une action infâme, mais consommé sur une grande échelle, il devient un titre de gloire.

I

L'institution la plus bienfaisante qui existe dans le monde, c'est incontestablement la Religion chrétienne. Les avantages qu'elle nous procure sont innombrables et inappréciables. Ils sont de tous les jours et de tous les moments ; ils s'étendent aux rois et aux sujets, aux riches et aux pauvres ; ils embrassent le temps et l'éternité. — Celui-là donc qui tend à l'ébranler parmi les peuples est un ennemi public ; il attaque les intérêts humains dans ce qu'ils ont de plus sacré et de plus intime. — Or, la guerre est une atteinte profonde aux sentiments religieux. Non-seulement elle est en opposition flagrante avec les principes de douceur et de charité qui constituent la religion du Christ, mais encore elle produit un affreux scandale, parce que ceux qui l'allument parmi les nations cherchent à la mettre sous les auspices du Tout-Puissant. Ils invoquent le Dieu des batailles, ils le prennent à témoin de la justice de leurs prétentions. Ils font chanter des *Te Deum* après la victoire, comme s'il était intervenu en leur faveur, oubliant que l'Eternel est un Dieu de paix, et que toute lutte, tout conflit, accompagnés d'effusion de sang, sont réprouvés à ses yeux. — Dans la guerre qui nous désole, n'a-t-on pas vu le malheureux qui l'a suscitée, ouvrir les hostilités par un sacrilége, en s'approchant de la communion avec son fils, c'est-à-dire en inaugurant par une manifestation d'amour et de charité, la plus épouvantable effusion de sang que rapporte l'histoire ; tandis que son antagoniste vainqueur remerciait le Dieu de l'Évangile, en ordonnant des atrocités devant lesquelles les païens eux-mêmes eussent reculé ? — Quelle pierre d'achoppement pour les peuples, et que de personnes éloignées de la religion, ou ébranlées dans leurs croyances par cette insigne hypocrisie, prétendant faire bénir des projets cruels et sanguinaires, par le Dieu des miséricordes, par Celui qui a dit : « Je ne suis » pas venu pour faire périr les hommes, mais pour les sauver ! »

II

La proclamation de la guerre est suivie de l'impôt du sang, le plus odieux de tous les impôts. Dès ce moment les familles cessent de s'appartenir à elles-mêmes. Il faut qu'elles se séparent de leurs enfants pour les envoyer sur les champs de bataille, où ils risquent d'être fauchés comme des épis. La mère qui avait élevé ses fils avec une tendre sollicitude est obligée de les sacrifier au Moloch de la guerre. Ce qui lui a coûté vingt ans de peines, de soucis, de privations, de fatigue, disparaît en un clin d'œil, foudroyé par une balle explosible ou par un éclat d'obus, sans que la consolation puisse entrer dans son cœur. C'est une plaie qui saignera jusqu'à sa dernière heure. — Et le père qui comptait sur un fils unique pour honorer ses cheveux blancs, se voit réduit à pleurer le soutien de sa vieillesse, et à descendre dans la tombe, privé de celui qui devait recevoir son dernier soupir !.... Mais si l'armée permanente est défaite, si le territoire national est envahi, la situation devient plus affreuse encore. On appelle le ban et l'arrière-ban ; ceux qui se croyaient libérés du service militaire, les pères de famille eux-mêmes doivent prendre les armes, et alors, tandis qu'on se bat de toutes parts, les populations sont dans une angoisse indicible, poursuivies par des appréhensions incessantes, par des inquiétudes morales, pires que la douleur physique, attendant des nouvelles et s'informant avec anxiété, après chaque bataille, si ceux qui leur appartiennent sont morts, blessés ou prisonniers. — Oui pour certain la guerre est le plus cruel attentat contre le repos des familles et contre les affections domestiques.

III

A peine la guerre est-elle déclarée, que les hommes doivent cesser d'être des hommes pour devenir des êtres féroces. Ils sont condamnés à commettre des actes de barbarie qui révoltent les sentiments de la nature. C'est le déchaînement de la bête humaine dans ce qu'elle a de plus hideux. Le jeune homme frappe le vieillard qui aurait pu être son père, et le vieillard frappe l'adolescent qui pourrait être son fils !... Il semble qu'on outre les choses par une telle assertion, et pourtant on reste au-dessous de la vérité, car les tigres et les lions eux-mêmes ne s'entre-détruisent pas, ils font la guerre à d'autres espèces, mais ils ne s'exterminent pas entre eux. Et les hommes, ô honte, ô malédiction ! les hommes exterminent leurs semblables ! Ils ont soif du sang de leurs frères ! Ils tuent ceux qu'ils appellent leur prochain !... Jusques à quand Seigneur ! jusques à quand serons-nous témoins de ce spectacle dégradant et impie qui nous ravale au-dessous des brutes de la pire espèce ?

On parle quelquefois des lois et des droits de la guerre, mais cela ressemble à une dérision, car la guerre n'est-elle pas en fin de compte la suspension des lois et de la justice ? Quand le canon gronde, quand l'épée est hors du fourreau, toutes les garanties sont suspendues, et il n'y a de sécurité pour personne. C'est le brigandage organisé s'exerçant sans remords et sans scrupule. Que l'ennemi vienne à passer la frontière, aussitôt il pille, il viole, il incendie, il massacre les populations qui ne voulaient pas la guerre et qui n'entendaient pas y prendre part. Le lambeau de droits qu'elle laisse subsister est tous les jours foulé aux pieds par les combattants. Dans la chaleur de l'action, on tire sur les ambulances et sur les parlementaires. On dirige les boulets non sur les remparts et les forteresses, mais sur les hôpitaux, sur les écoles, sur les musées et sur les églises. On frappe non-seulement les belligérants, mais encore des citoyens inoffensifs, des vieillards, des femmes, des enfants. On ne ménage ni les personnes ni les propriétés qu'on avait promis d'épargner. Qu'une ville ouvre ses portes à l'ennemi, la capitulation stipule le respect des propriétés privées. Mais que les habitants, épuisés par les réquisitions du vainqueur, refusent de souscrire à ses exigences, aussitôt on menace de mort ceux qui résistent, on oublie qu'on avait promis de respecter les biens et le domicile des particuliers, et le pistolet sur la gorge, on leur dit comme les voleurs de grand chemin : La bourse ou la vie ! En sorte que la protection des lois de la guerre est presque toujours illusoire.

D'un autre côté, la maxime scandaleuse : *la fin justifie les moyens*, est constamment mise en pratique par ceux qui dirigent les opérations militaires. Le grand but de la guerre c'est l'extermination des ennemis, et pour y parvenir on ne recule devant aucune mesure. Le mensonge, la fraude, la perfidie, l'espionnage, l'embuscade, le guet-à-pens qui répugnent aux âmes honnêtes, sont la monnaie courante des belligérants. On procède *per fas et nefas*. Loin de rougir de telles abominations, on se glorifie de les commettre, et on se félicite d'en avoir fait usage quand elles ont atteint le but qu'on se propose.

Mais des procédés si exécrables sont moins dignes des hommes que des démons, et l'enfer du Dante ne contient rien de plus terrible que le spectre sanglant et les scènes lugubres qui hantent les imaginations depuis que les hostilités ont éclaté entre la France et l'Allemagne. — C'est le renversement de tous les principes d'honneur et de loyauté connus dans le monde, c'est l'attentat le plus odieux contre la morale publique, ou plutôt c'est la destruction de toute morale ; c'est le génie du mal, c'est le triomphe de Satan.

IV

Mais la guerre n'est pas seulement un crime contre les intérêts moraux de l'humanité, elle affecte aussi les divers intérêts relatifs au monde matériel.

Elle tarit les sources même de la prospérité nationale. Quand un pays vit en paix, le mouvement de sa population est ascendant, c'est-à-dire que le nombre des naissances l'emporte sur celui des décès. Mais si la guerre éclate, la proportion change et le mouvement est en sens inverse, c'est-à-dire que le nombre des décès est plus considérable que celui des naissances. — Les combattants qui périssent sur les champs de bataille ne sont pas les seules victimes : les maladies engendrées par les privations et la fatigue, par l'agglomération d'un grand nombre d'hommes sur un même point, font plus de ravages que le canon. Pendant la campagne de Crimée, on a calculé qu'il avait péri trois fois plus d'hommes par la maladie que par les boulets et la mitraille, environ 75,000 contre 20 ou 25,000. — En outre, les mariages diminuent sensiblement en temps de guerre, et les registres de l'état-civil contiennent la triste preuve que les années qui suivent la guerre sont moins fécondes que celles qui la précèdent. — Partis de leurs demeures forts et robustes, la plupart des hommes qui échappent aux dangers de la lutte, reviennent chez eux estropiés, infirmes ou avec des tempéraments ruinés, qui amènent la dégénérescence des races. En sorte que rien n'est plus contraire à la vigueur et au développement des populations, que les guerres allumées par l'orgueil ou par l'ambition de ceux qui gouvernent.

V

Funeste à la fécondité de la race humaine, ce crime n'est pas moins nuisible à la fortune publique et particulière ; car le nerf de la guerre c'est l'argent, et pour s'en procurer, les États doivent recourir à des emprunts onéreux, qui grèvent l'avenir et resserrent le crédit, amenant la dépréciation des valeurs publiques et la ruine d'une multitude de familles. Les impôts directs et indirects sont augmentés dans des proportions énormes ; des charges de toute espèce pèsent sur les riches et sur les pauvres. — Ceux qui étaient dans l'opulence tombent dans la gêne, et ceux qui vivaient en travaillant sont plongés dans la misère parce que l'ouvrage manque, ou qu'ils ont perdu les membres valides de leur famille. Partout l'aisance et la prospérité disparaissent pour faire place aux privations et au malaise. Les succès de la nation victorieuse ne compensent pas ses pertes, et les revers de la nation vaincue entraînent sa ruine. — Tant il est vrai qu'il est difficile d'imaginer quelque chose de plus funeste que la guerre à la richesse des peuples et au bien-être des citoyens.

VI

Une des grandes artères de la prospérité publique, c'est le commerce. Or, la guerre est essentiellement opposée aux intérêts commerciaux. Aussi longtemps qu'elle dure, la spéculation s'arrête, les chances aléatoires se multiplient, personne n'ose entreprendre des opérations à long terme ; les plus hardis reculent devant les incertitudes de l'avenir. Les transactions deviennent rares ou impossibles ; les producteurs ont de la peine à débiter leurs denrées, et les négociants ferment leurs comptoirs. Les études de notaire elles-même sont affectées par la stagnation des affaires qui diminue le nombre des contrats. — La navigation devient plus périlleuse et se ressent de la rareté des achats et des ventes. Si elle trouve une légère compensation dans les échanges que nécessitent les approvisionnements et les fournitures des armées, somme toute, elle perd plus qu'elle ne gagne dans la perturbation résultant des hostilités. En sorte que la guerre tend à détruire une des principales sources de la prospérité publique.

VII

Si nous nous plaçons maintenant au point de vue industriel, les résultats de la guerre ne nous paraîtront pas moins nuisibles à cette branche de la richesse nationale. Alors, en effet, tandis que les jeunes gens du pays vont s'égorger avec ceux d'un autre pays, les ateliers se ferment, et le chômage plonge des milliers de personnes dans l'indigence. Là où règnait naguère une activité dévorante, on n'aperçoit plus que des usines fermées et des ouvriers sans travail. Les petites industries qui font vivre tant de familles ne sont pas moins affectées que les grandes par suite de la rareté des capitaux et de la difficulté d'écouler les produits de fabrication. — La principale industrie de notre siècle, je veux dire celle des chemins de fer, est particulièrement atteinte par le fléau dont nous voudrions arrêter les ravages. Les réseaux qui se trouvent sur le théâtre de la guerre sont dévastés par l'ennemi. Les compagnies subissent des diminutions sensibles dans leurs revenus. Les obligations qu'elles émettent, se placent à des conditions désavantageuses, et il doit s'écouler un long intervalle avant que le rendement des lignes et le prix des titres soient revenus au point où ils étaient avant la guerre.

VIII

Dans ses rapports avec l'agriculture qui est la mère nourricière du pays, les conséquences de la guerre ne sont pas moins désastreuses. Non-seulement elle accroît la difficulté de se procurer les capitaux nécessaires à l'exploitation du sol et au perfectionnement des méthodes, mais encore elle diminue les forces productives, en arrachant aux travaux des champs des milliers de bras qu'on oblige à prendre les armes. — Les vins, les bestiaux, les céréales, etc., sont d'un écoulement ingrat, et souvent difficile. Découragés par des résultats négatifs, les propriétaires du sol n'apportent pas à la culture cette ardeur, cet entrain, cette initiative qu'excite un travail rémunératoire. Les opérations agricoles, en souffrance partout, sont suspendues dans les terrains dévastés par les combattants, où on ne peut ni labourer, ni semer, ni recueillir, et dont les habitants restent quelquefois des années entières sans récolte. Le blé ne prospère pas sur des sillons sanglants. — En sorte que si l'on demandait aux économistes quel est le plus grand fléau de l'agriculture, ils s'accorderaient à dénoncer la guerre, plus nuisible aux produits du sol, que la grêle, l'inondation et la sécheresse.

IX

Il n'est pas jusqu'aux arts et aux sciences qui ne ressentent le contre-coup de la guerre. Quand le canon parle en effet, il impose silence à toutes les voix. Les écrits philosophiques et littéraires deviennent rares, c'est un temps d'arrêt pour les découvertes utiles. Toute l'activité intellectuelle se concentre sur les moyens de destruction. C'est à qui inventera quelque machine, pour tuer un grand nombre d'hommes en peu de temps. — Les feuilles publiques ne respirent que haine et vengeance contre l'ennemi. Elles sont pleines de bulletins menteurs et de fausses nouvelles, de récits de combats, de massacres, de représailles, d'atrocités. On ne prête attention qu'à cela, on ne peut penser à autre chose, tout le reste paraît froid et insipide. Cette nourriture malsaine, ces pensées pénibles dépravent le goût, pervertissent l'imagination, faussent le jugement et enrayent les progrès de la philosophie, des belles lettres, des arts, etc. — Les périodes guerrières sont peu fécondes en chefs-d'œuvre ou en découvertes bienfaisantes. Elles ont quelque chose de terne, de néfaste, qui se reflète sur tout ce qui est grand et sur tout ce qui est beau.

X

Ainsi, crime contre la Religion, — crime contre la morale, — crime contre l'humanité, — crime contre la justice, — crime contre le développement de la population, — crime contre la sécurité et le bonheur des familles; — crime contre la fortune publique et particulière, — crime contre l'industrie et le commerce, — crime contre les arts et les sciences. Est-ce assez de crimes en un seul, ou plutôt n'est-ce pas la somme de tous les crimes?

Quelqu'un aurait-il des doutes à cet égard? Quelqu'un s'imaginerait-il que nous exagérons l'odieux de la guerre, qu'il aille dans ce champ maudit où les armées ennemies se sont rencontrées, qu'il contemple les ruisseaux de sang et les milliers de cadavres grimaçants qui mordent la poussière; qu'il écoute le râle des agonisants, les cris des blessés qui se tordent les membres sous les pieds des chevaux, qui demandent du secours sans obtenir une goutte d'eau pour étancher la soif qui les dévore; qui appellent leurs pères et leurs mères, sans recevoir de réponse à cet appel, et qui expirent sans entendre un mot de consolation, ni savoir pourquoi ils ont été menés dans ce lieu d'horreur et d'angoisse; — qu'il regarde ce charnier, où vont être entassés pêle-mêle, recouverts d'un peu de chaux et d'une légère couche de terre, tant de jeunes gens l'espoir de la patrie et la joie de leurs familles; — qu'il se transporte ensuite dans les villes et dans les campagnes; qu'il écoute les lamentations des pères et des mères, les gémissements des veuves et des orphelins, qu'il soit attentif à ce lugubre concert des désolés; et qu'il dise s'il y a sous le soleil un forfait aussi exécrable que celui qui enfante de telles abominations! qu'il dise si ce n'est pas là le crime suprême, le crime des crimes.

Les journaux ont raconté l'histoire de ce Roi de Dahomey, qui pour apaiser les mânes de son père et honorer ses funérailles, faisait égorger ses sujets, jusqu'à ce que le canot royal flottât dans le sang, recueilli à cet effet dans un réservoir! Eh bien! le féroce Aschanti a été surpassé par des princes qui ont la prétention d'être chrétiens. Car un colonel allemand écrivait à sa femme, qu'à la bataille de Wœrth, le sang ruisselait comme en un jour de grande pluie, et celui que Napoléon III et Guillaume de Prusse ont fait répandre, pourrait mettre à flot un navire, si ce n'est un vaisseau de ligne!... N'y a-t-il pas de quoi pleurer de douleur et de honte, en pensant que l'espèce humaine ou plutôt que certains hommes sont capables de telles barbaries?

Je n'appelle pas la malédiction céleste sur les coupables; il ne m'appartient pas de devancer la justice divine; mais si, selon la déclaration du Christ, ceux qui n'ont point aidé leurs frères dans la nécessité ou dans la souffrance, doivent recevoir au dernier jour cette sentence formidable : « Allez, maudits, au feu éternel qui a été » préparé au diable et à ses anges ! » Quelle sera la part de ceux qui les ont ruinés, affamés, torturés, massacrés sans cause ? N'est-ce pas pour eux qu'ont été écrites ces terribles paroles : « Montagnes » tombez sur nous et cachez-nous de devant la face de Celui qui est » assis sur le trône et de devant la colère de l'agneau ! » (Apoc. vi. 16.)

XI

Et tout cela, je veux dire tant de crimes accumulés pour ne rien prouver, ou pour aboutir à des résultats éphémères ! Car le succès de la guerre ne démontre pas la justice du procès et tôt ou tard un libérateur se présente pour redresser les torts. La victoire, déesse aveugle et capricieuse, se déclare pour la mauvaise cause aussi bien que pour la bonne, et le vainqueur n'a pas nécessairement le droit de son côté. Le fond du débat n'est pas vidé par les péripéties de la lutte. Les questions de principe se plaident à un autre tribunal que celui du canon ; elles doivent être décidées par d'autres juges que les obus et la mitraille. — Quand le bon La Fontaine disait que *la raison du plus fort est toujours la meilleure*, il s'exprimait d'une manière ironique. Loin d'être toujours la meilleure, cette raison est souvent détestable. C'est le triomphe de la force brutale, non celui de la vérité et de la justice. La raison du plus fort, c'est Alexandre, c'est César, c'est Attila, c'est Napoléon, poursuivant leurs conquêtes, opprimant, spoliant les peuples qu'ils ont soumis ! Expression hideuse de la tyrannie et de la violence ! — La raison du plus fort, aujourd'hui, c'est Guillaume de Prusse, abusant de la victoire que l'ineptie de Louis Bonaparte lui a ménagée, pour ravir à la France des provinces qui lui appartiennent et qui veulent lui appartenir ! Esclave d'une ambition effrénée, mais non le champion de l'honneur, de l'humanité, de la droiture. Si les souverains de l'Europe, terrorisés par ses succès, lui laissent consommer tranquillement cet acte d'iniquité, le châtiment de son usurpation n'est pas moins certain, parce que le droit et la vérité sont imprescriptibles. On a beau les fouler aux pieds, ils se redressent contre l'oppresseur. On a beau prononcer leur oraison funèbre, ils ne tardent pas à donner signe de vie ; quelque vengeur tenu en réserve par la Providence, relève le drapeau de la justice et rétablit l'ordre momentanément renversé. — Témoignage éloquent de la fragilité de la conquête achetée par des horreurs et des forfaits sans nombre !

XII.

Le colosse d'airain en effet a toujours des pieds d'argile et nous en avons une preuve frappante dans l'histoire même du vainqueur d'Iéna, puisque la Prusse, en écrasant aujourd'hui la France, n'a fait que prendre sa revanche de la défaite de 1806. Cette puissance a donc nourri pendant soixante ans des projets de vengeance, et elle les a accomplis, non sur ceux qui lui ont infligé cette humiliation, mais sur une génération qui n'existait pas encore et qui ne saurait être responsable des crimes du premier Empire. — Si les Français, ce qu'à Dieu ne plaise, se vengent de la même manière, leurs coups ne frapperont pas avec plus de justice ; ils tomberont non sur les coupables, mais sur des innocents qui ne sont pas encore nés. — Voilà la logique et la moralité de la guerre.

XIII.

Crime absurde en elle-même, la guerre est encore un crime inutile, funeste à ceux qui le commettent ; elle va souvent contre le but qu'on se propose. Ce but c'est la honte et la ruine des vaincus, c'est la gloire et la prospérité des vainqueurs. Eh bien ! c'est presque toujours le contraire qui arrive. — Au point de vue matériel, en effet, la rançon imposée au vaincu, ne profite pas au vainqueur, parce qu'il s'est épuisé lui-même en faisant la guerre. Le compte exact de sa situation, prouverait qu'elle est plutôt au-dessous qu'au-dessus de ce qu'elle était avant les hostilités. De plus la ruine du voisin ne saurait remplir les coffres de ceux qui l'entourent. On ne gagne rien à rompre avec des clients riches et prospères, pour négocier avec des gens gênés ou embarrassés dans leurs affaires.

D'un autre côté, le succès a des tendances corruptrices auxquelles il est bien difficile de résister. Au lieu d'un héros magnanime qui se plait dans la générosité et dans la clémence, il ne produit généralement qu'un vainqueur orgueilleux et égoïste, qui agit avec dureté, qui parle avec arrogance, se signale par des excès et s'imagine que la gloire consiste à faire sentir aux faibles la pesanteur de son bras.

Or l'orgueil, l'oppression, la violence, ne sont pas des sentiments agréables à Dieu ni dignes de louange. L'estime des gens de bien ne saurait reposer sur des vainqueurs qui flétrissent leurs lauriers par des procédés injustes ou cruels. — Les vaincus, au contraire, se retrempent dans l'épreuve ; ils se dépouillent du luxe, de l'égoïsme, de la jactance ; ils croissent dans l'humilité, dans l'abnégation, dans le dévouement pour la patrie, vertus morales qui font la gloire et le bonheur des peuples. En sorte que ceux-ci gagnent ce que les autres perdent en dignité et en sentiments élevés ! — On vantait jusqu'à présent la bonhomie des Allemands, on les regardait comme un peuple honnête, aux mœurs douces, aux habitudes patriarcales. Qui croira désormais, je ne dis pas à leur bonhomie, mais à leur loyauté, à leur probité, après la guerre de pillards et de vandales que leurs armées font à notre pays ? Véritablement cette guerre porte malheur à l'Allemagne. Elle y a déjà perdu sa bonne réputation. — Couvrir le pays de sang et de ruines, pour se laisser corrompre par la victoire et pour valoir moins après la guerre qu'avant la perpétration de ce forfait, c'est donc se frapper soi-même, c'est renverser l'adage : *vœ victis* pour s'attirer celui de : *vœ victoribus*.

XIV

Mais il n'y a pas de crime sans criminels, et si la guerre est le plus grand des forfaits, elle doit engendrer des coupables. Ils seraient faciles à trouver et chacun pourrait dire comment ils s'appellent. Il s'agit donc moins de les dévoiler que de redresser l'opinion publique facile à les excuser, à les tenir peut-être pour des héros. Il s'agit de les convaincre eux-mêmes de péché, car ils repoussent l'épithète de criminels; si même ils ne s'imaginent pas être vertueux.

Quand nous parlons de criminels, il est inutile de dire que nous n'appliquons pas ce mot indistinctement à tous ceux qui font la guerre. Loin de mériter ce reproche, ceux qui se défendent contre une injuste agression, ou qui combattent pour repousser l'étranger, méritent bien de la patrie : ils ont droit à la reconnaissance des citoyens. Les vrais criminels sont les fauteurs de la guerre, qui soufflent la discorde parmi les peuples et les précipitent les uns contre les autres par des sophismes décevants. — Je sais qu'il est des hommes astucieux, placés par les événements à la tête des États, qui excellent à irriter les nations voisines, et à se faire attaquer la veille de peur d'une attaque le lendemain. Mais cela même ne suffit pas pour justifier une agression. Le peuple ainsi inquiété ou effrayé doit en appeler à l'opinion publique, prendre les autres peuples à témoin de son bon droit, recourir aux moyens diplomatiques, épuiser les voies de conciliation et attendre qu'on le provoque, appuyé sur la justice de sa cause. Le premier qui fait appel aux armes est le criminel ; il assume la responsabilité de la guerre. Les manœuvres souterraines de l'adversaire pour troubler sa sécurité, peuvent être une circonstance atténuante, mais elles n'autorisent pas un acte agressif.

On voit que nous élevons le débat à la hauteur d'un principe, que nous n'en faisons pas une question de circonstances ni de personnes. Nous blâmons toute guerre agressive, à quelque époque, dans quelque temps et sous quelque prétexte qu'elle ait été faite. Nous citons des noms propres, à titre d'exemple et comme application du principe.

XV

Dans le conflit franco-prussien qui ensanglante notre territoire, les criminels ont été, d'une part, Napoléon III, Eugénie, à qui on reproche d'avoir encouragé l'Empereur dans sa funeste résolution, Grammont, Lebœuf, Benedetti, Ollivier, etc. De l'autre, le roi Guillaume, Bismarck, de Moltke, etc. — Les premiers, poussés par un intérêt dynastique ou par des projets liberticides, ont pris occasion de la candidature d'un Hohenzollern au trône d'Espagne pour déclarer la guerre à la Prusse, avec une précipitation et une imprévoyance sans exemple ; ils ont entraîné la France dans un abîme d'où elle aura de la peine à sortir. Je n'aime pas à accuser les vaincus ni à frapper ceux qui sont par terre. Mais dans une question aussi grave, comment ne pas prendre à partie ceux qui ont attiré les derniers malheurs sur notre peuple ?

Toutefois, quelque imprévues que soient les catastrophes qui fondent sur notre patrie, quelle que soit l'étendue de nos désastres, quelque redoutables que puissent être les périls qui nous menacent, quelque fragiles que semblent nos dernières ressources, un grand espoir nous reste, c'est que tant d'humiliations et tant de revers ne seront pas perdus pour le relèvement de la France. Dieu est le grand rempart des peuples, et si nous regardons à lui avec une humble et ferme confiance, il nous fera triompher de cette épreuve, la plus grande que la Providence ait dispensée à notre nation.

Mais l'ex-empereur et ses ministres ne sont pas les seuls coupables. Ils ont eu des complices parmi les courtisans et les traîneurs de sabres. Ils en ont eu en particulier dans la majorité du Sénat et de la Chambre des députés, qui n'a pas su résister à la volonté impériale. Élue sous les auspices de la paix, cette dernière assemblée a oublié son origine. La plupart des candidats de 1869 avaient promis de maintenir la paix dans leur profession de foi. Si quelqu'un eût manifesté des sentiments belliqueux, il n'aurait pas été nommé. Le devoir d'une telle Chambre était de résister à l'entraînement, de refuser les subsides, en un mot de s'opposer à la guerre par tous les moyens dont elle disposait. Au lieu de remplir ce devoir sacré, elle s'est montrée infidèle à son mandat. Sur un signe du Maître, l'assemblée qui avait promis d'être la gardienne de la paix, a acclamé la guerre avec un enthousiasme et une légèreté qui ont scandalisé les âmes honnêtes. Ce triomphe obtenu, on a fait chanter la *Marseillaise* par des gens avinés et on a marché vers le Rhin avec une imprévoyance fatale. Que la responsabilité de ce crime retombe sur la tête des criminels !

XVII

Mais il y a eu deux phases bien distinctes dans cette guerre et depuis l'entrevue de Ferrières, les rôles ont été changés. Attaqués dès l'origine, les Allemands ont laissé la défensive pour se faire agresseurs ; ils ont déclaré une guerre d'extermination à la France, si elle ne consentait pas à leur céder une partie de son territoire. Guillaume de Hohenzollern, qui, après le désastre de Sédan, aurait pu être le prince le plus puissant et le plus magnanime des temps modernes, en acceptant la paix qui lui était proposée, a préféré une autre gloire. Il ne lui a pas suffi d'avoir vaincu la France, d'emporter son or et ses bénédictions, il lui a fallu le sang de nos fils et la malédiction de notre peuple. Depuis près de six mois, ses armées saccagent nos départements, elles promènent l'incendie et le pillage, elles répandent la terreur et la mort parmi des populations inoffensives, sans que le moindre sentiment de justice et d'humanité ait pu se faire jour dans ce cœur de bronze !.... Les tortures de la faim imposées à deux millions d'habitants, dans une ville qui naguère encore lui offrait une brillante hospitalité ! Cela ne s'était jamais vu ! Une pluie d'obus tombant sur ses musées, sur ses monuments, sur ses hôpitaux ; cela semblait impossible, on croyait de telles horreurs passées sans retour. On ne se figurait pas qu'un prince qui se dit chrétien pût les faire revivre ; qu'il jetât ce défi à la civilisation, qu'il portât à ce point la rage et la cruauté !... Illusion désolante ! La politique de conquêtes ne se pique d'être ni généreuse ni compatissante, et le roi de Prusse a consommé le crime auquel l'imagination refusait de croire ! Il a épouvanté le monde par cet acte sauvage ! Un jour pourtant il a daigné dire : *c'est triste*, en annonçant à la reine Augusta qu'il avait perdu quinze cents hommes dans une bataille. Mais là s'est bornée sa sympathie pour les victimes de son ambition. Il ne tenait qu'à lui de faire cesser tant de tristesses, et il ne l'a pas voulu ; il n'avait qu'un mot à dire pour arrêter cette boucherie, et il ne l'a pas trouvé. — La possession de l'Alsace et de la Lorraine ne prime-t-elle pas le massacre de la jeunesse française, et la rectification des frontières de l'Allemagne ne vaut-elle pas cent mille de ses plus beaux enfants ? — Il faut que la guerre produise un affaissement moral bien profond pour que les savants, les philosophes, voire même quelques théologiens d'outre-Rhin aient préconisé cette lutte impie, et pour que les puissances neutres de l'Europe aient pu assister indifférentes et impassibles à cet égorgement de la France !

Que les Allemands décernent la couronne impériale au héros d'une telle conquête, libre à eux, mais qu'ils se souviennent qu'il y a du sang à sa couronne, que sa victoire matérielle est une défaite morale et qu'il est écrit dans un livre dont la parole fait autorité : « Ce qui est grand devant les hommes est en abomination devant Dieu. »

XVIII

Après le crime le châtiment. Je ne parle pas de la justice divine qui atteindra infailliblement les coupables dans le monde à venir. Mais la justice humaine sera-t-elle impuissante à les frapper ? Se verra-t-elle toujours réduite à les flétrir en effigie ? Ne trouvera-t-elle aucun moyen plus efficace de répression ? — Il est des personnes indulgentes pour ceux qui déclarent la guerre, parce qu'ils occupent une haute position sociale ou qu'ils sont assis sur le trône. Je ne saurais être de leur avis. Quand on poursuit sans ménagement les auteurs du moindre crime ou du moindre délit, créerait-on un privilège en faveur de ceux qui ont consommé le plus épouvantable de tous les crimes ? — Que l'on épargne les souverains parce qu'ils sont protégés par les constitutions de l'État, cela s'explique. Encore les peuples devraient-ils exiger que les princes qui font une guerre agressive, soit heureuse soit malheureuse, ne fussent plus aptes à régner. Si, au lieu d'affermir leur trône par la guerre, les potentats savaient qu'ils perdront leur couronne, ils auraient le pied moins léger pour répandre le sang. Mais au nom de la justice et de l'humanité offensées, qu'on ne prétende pas étendre cette immunité à leurs conseillers et à leurs ministres, qui couvrent leur personne et répondent de leurs actes devant la nation. Ceux-là, en effet, ne peuvent alléguer aucune excuse ; ils doivent recevoir une punition proportionnée à leur faute, à moins de demander l'impunité pour ceux qui se font un jeu de la vie et du repos de leurs semblables. On condamne les ministres concussionnaires, qui dilapident la fortune publique, et on absoudrait les ministres prévaricateurs qui précipitent les peuples dans la ruine !

Toutefois comment les atteindre, lorsqu'ils sont habiles à se cacher et qu'ils ont hâte de passer à l'étranger avant qu'on ait pu mettre la main sur eux ? Hé bien je n'hésite pas à répondre qu'il faut requérir leur extradition. On accorde bien celle d'un simple criminel ; pourquoi les conventions internationales couvriraient-elles ceux qui commettent tous les crimes en un seul ? S'ils sont innocents, qu'ils viennent s'expliquer, se justifier devant leur pays, et s'ils ne le peuvent, qu'ils soient traités selon la rigueur des lois. Je ne conteste pas le droit de grâce ni de commutation de peine, après que la justice a eu son cours, mais au nom de la morale et de la sécurité publiques, qu'on n'ait pas deux poids et deux mesures, et qu'on ne tienne pas les coupables pour innocents ; que les grands criminels soient extradés et que les tribunaux leur appliquent la loi commune. — La guerre n'aurait pas été si fréquente entre les peuples, si on avait puni comme ils le méritent les auteurs de cet attentat.

XIX

Triste manifestation de l'universalité et de l'hérédité du mal, depuis l'origine du monde la guerre existe parmi les hommes. Est-ce une maladie incurable ? Sommes-nous condamnés à la voir revenir périodiquement et doit-elle durer jusqu'à la fin des siècles ? J'ai besoin de ne pas le croire. Le problème de l'extinction de la guerre est difficile à résoudre, mais nous sommes loin de le tenir pour insoluble. Le hideux spectacle que la France et l'Allemagne donnent en ce moment aux nations civilisées aidera, je l'espère, à faire disparaître ce fléau, et sous l'influence du vrai Christianisme et des sentiments humanitaires, les générations futures finiront par en triompher.

Mais pour atteindre un but si désirable, il faut que chacun mette promptement et résolument la main à l'œuvre. Soyons en garde contre les défaillances. Loin de nous l'idée que le mal est sans remède. Cette persuasion ne peut que jeter le découragement dans l'esprit et paralyser nos efforts, tandis que la foi dans la justice de notre cause et dans la certitude du triomphe, nous remplit d'une sainte ardeur et développe notre activité. — Si nous avions plus de confiance dans le succès, nous formerions de puissantes associations pour l'atteindre, ou nous nous joindrions à celles qui existent déjà, telle que la Ligue internationale de la paix, qui est loin de compter autant d'adhérents qu'elle devrait en avoir dans tous les pays.

XX

La première chose à faire pour conjurer le fléau qui nous désole, c'est d'avoir la ferme volonté de s'en affranchir, c'est de comprendre qu'il y a là une souillure dont tout le monde a intérêt à purifier la société et à l'extirpation de laquelle chacun doit concourir selon la mesure de ses forces, sans se laisser rebuter par les obstacles ni par les sacrifices, avec la ferme résolution de ne sortir de l'arène qu'après avoir rendu la guerre impossible. Que de personnes qui la détestent, qui aiment sincèrement la paix, et qui se reposent sur les autres, sans rien faire elles-mêmes pour la réalisation de leurs désirs ? — Concours platonique qui pour être efficace doit prendre des formes plus pratiques et plus actives !

XXI

Juqu'à présent l'éducation a été très défectueuse sous ce rapport. On s'est borné d'une manière exclusive à développer l'intelligence des enfants sans se mettre en peine de la culture de leur âme, oubliant que pour qu'un peuple participe aux bienfaits de la civilisation, il ne suffit pas que les citoyens apprennent à lire, écrire et calculer, mais qu'il faut de plus qu'ils sachent distinguer le bien du mal, qu'ils aient été

initiés de bonne heure à la pratique de la charité et de la fraternité.
— « Déposer dans le cœur des enfants les germes de la science sans y mettre en même temps les semences des vertus sociales, c'est former des égoïstes, presque des ennemis de l'humanité. Leur apprendre l'histoire des malheurs de la Patrie sans déplorer devant eux les divisions funestes qui ont coûté tant de sang à nos ancêtres, sans leur dire que tous les hommes sont frères et comme tels doivent s'aimer, c'est préparer des instruments de guerre et des pillards comme ceux qui sont aujourd'hui à l'œuvre. » (Le *Progrès*, journal de l'éducation populaire, 22 janvier 1871.)

L'enseignement de l'histoire laisse particulièrement à désirer, on l'étudie presque partout au point de vue belliqueux. Dès l'âge le plus tendre, on remplit la tête des enfants d'idées fausses. On leur apprend à voir dans les Spartiates et les Romains les modèles des grands peuples. Les jouets, les images qu'on met entre leurs mains excitent des sentiments guerriers, les livres qu'on leur donne sont tous imprégnés de chauvinisme, de gloriole militaire, ce sont des histoires de soldats, des récits de batailles. — Arrêtons-nous sur cette pente fatale et réformons sans délai l'enseignement de l'histoire si rempli de préjugés et d'appréciations erronées, pour revenir à de saines traditions historiques, pour donner aux héros de la religion, de la civilisation et de la paix la place usurpée jusqu'ici par les héros de la violence et du meurtre.

XXII

Voulons-nous affermir la paix parmi les peuples, soyons nous mêmes des enfants de paix, animés d'un esprit doux et pacifique, selon la maxime de saint Paul : « S'il se peut faire et autant qu'il dé-
» pend de vous, ayez la paix avec tous les hommes. » Je n'ignore pas qu'il est un Christianisme de forme, particulièrement à l'usage des têtes couronnées, qui précipitent les peuples les uns contre les autres, en invoquant le Dieu de paix et de charité. Cette haute hypocrisie et la guerre d'extermination qui décime aujourd'hui deux grands peuples de l'Europe, montrent que l'Evangile n'est encore qu'à la surface, qu'il n'a pas pénétré les profondeurs de notre âme. Toutefois souvenons-nous qu'il porte la paix dans ses flancs, et que plus il descendra dans les cœurs et dans les consciences, plus la paix

sera abondante sur notre globe. — L'esprit de rancune, de représailles est encore un dangereux ennemi de la paix. Toute guerre est grosse d'une autre guerre, si la partie vaincue ne sait pas oublier les humiliations et les injustices qu'elle a reçues, si elle médite secrètement d'en tirer vengeance. Pour jouir d'une paix durable, les nations doivent savoir pardonner les injures et les dommages, ne rendre à personne le mal pour le mal, se souvenant que le monde que nous habitons est un monde d'iniquité, où il vaut mieux souffrir l'injustice que la commettre, et que c'est aussi pour les peuples qu'il est écrit : « Ne vous vengez point vous-mêmes, mes bien aimés. C'est à
» moi que la vengeance appartient, et je le rendrai, dit le Seigneur. »

XXIII

Un moyen non moins efficace de nous débarrasser de la guerre, c'est de nous former des idées saines de l'honneur et de la gloire ; idées tristement dénaturées dans les esprits. La gloire militaire, en effet, est une fausse gloire ; elle égare des hommes généreux, qui s'imaginent que l'honneur consiste à se battre, qu'ils seraient déshonorés s'ils n'étaient pas toujours prêts à mettre flamberge au vent et à se mesurer avec l'ennemi. Ce préjugé est un de ceux qui ont fait répandre le plus de sang dans le monde, et on ne saurait le combattre avec trop de persévérance. Le véritable honneur consiste à posséder son âme, à avoir le bon droit de son côté, sans se croire obligé de le soutenir à chaque instant par les armes. La véritable gloire, c'est de se vaincre soi-même, c'est d'enchaîner ses passions, c'est de s'affranchir de leur servitude. Celui qui lorsqu'on le frappe à la joue droite peut présenter aussi la gauche, ne montre-t-il pas plus de grandeur et plus de courage que celui qui se hâte de rendre le soufflet qu'il a reçu ?

Ce préjugé a donné naissance à une erreur non moins funeste, savoir que la plus haute civilisation consiste dans le perfectionnement de l'art militaire, dans les progrès de la stratégie, dans la découverte d'engins propres à détruire les hommes et les choses. Il n'est pas d'idée plus absurde, plus dangereuse que celle-là. Quoi ! parce que vous connaissez des machines et des machinations infernales, vous vous croyez plus civilisés ! Parce que vous êtes plus habiles à répandre le sang et à exterminer vos semblables, vous vous croyez meilleurs que les autres ! Parce que vous excellez dans l'art d'espionner, de tromper, d'imposer de fortes rançons aux gens qui ne se défendent pas, vous prétendez être supérieurs à vos contemporains ! — Mais c'est le contraire qui est vrai. Vous êtes plus barbares, plus méchants, plus cruels. Voilà tout.

Ah ! si vous aviez découvert quelque procédé ingénieux pour nourrir vos frères, pour les sauver du péril, pour les soulager dans la souffrance, pour accroître la somme de leur bonheur, je m'empresserais de rendre hommage à votre supériorité. Mais je ne saurais reconnaître le vrai génie dans l'invention d'instruments de torture, d'extermination et de ruine. — Malheureusement on a encouragé les découvertes funestes à l'humanité. C'est une grande imprudence. Si au lieu de distribuer de l'argent et des décorations à leurs auteurs, on les eut mis en prison ou à l'amende, pour avoir fait un tel usage de leurs facultés, nous ignorerions beaucoup de choses que nous avons le malheur de connaître ! La Brinvilliers, qui avait le talent de combiner les poisons et d'en inventer de nouveaux pour se débarrasser de ses victimes, porte un nom infâme ! Et les Chassepot, les Krupp et les inventeurs de mitrailleuses sont encensés dans le monde.

XXIV

J'en dirai autant des honneurs rendus aux conquérants qui reviennent victorieux dans leur pays. On vante leurs exploits, on dresse des arcs de triomphe sur leur passage — lorsqu'ils n'ont fait que détruire des cités, saccager des provinces, amonceler des cadavres, plonger des milliers de familles dans les larmes et dans le deuil !.... Si, au lieu de pousser des cris de joie, les peuples montraient un visage sévère à ceux qui ont été condamnés à consommer de telles œuvres, si, au lieu d'une multitude enthousiaste, ils rencontraient sur leur chemin la multitude des désolés, vêtus de deuil, pleurant ceux qui ont perdu la vie dans les combats, ils seraient peut-être moins encouragés à recommencer ce jeu terrible. Or, il est temps de nous soustraire à cet aveugle tribut d'admiration envers ceux qui conduisent nos enfants à la mort, sous le prétexte le plus futile. — Non que je veuille flétrir les hommes courageux qui accomplissent leur devoir au péril de leur vie, pour défendre une cause qui ne leur est pas permis d'apprécier moralement ; mais il serait beau de voir les peuples, tout en honorant leur personne, protester par un accueil froid et sévère contre la tâche qui leur a été imposée, et répudier toute sympathie pour la soif des conquêtes et pour la gloire qui ne s'achète que par le sang.

XXV

Un des plus grands périls pour la paix des nations ce sont les armées permanentes. Non-seulement elles créent une charge énorme pour le budget de chaque état, mais encore elles sont une menace perpétuelle, et il est du devoir des amis de la paix de travailler à les faire disparaître. La question est compliquée, je le sais, parce qu'il faut que leur suppression soit universelle pour être efficace, et qu'il suffit d'une puissance qui refuse de désarmer pour obliger les autres à se tenir prêtes à combattre. Mais l'axiôme : *Si vis pacem para bellum*, n'est pas moins un dangereux sophisme et doit être dénoncé comme un des plus grands ennemis de la paix publique. Quand on a des hommes et des canons toujours prêts à entrer en lice, on est constamment tenté d'en faire usage, on a la main sur la garde de son épée avec le sentiment de sa force. On ne veut pas que tant de préparatifs soient inutiles et on saisit le moindre prétexte pour chercher querelle. Si on n'avait pas été si bien préparé à la lutte, on aurait été plus modeste, plus conciliant, plus traitable, et la guerre eût été évitée. Répudions donc le paradoxe : « Veux-tu avoir la paix, prépare-toi à la guerre. » Voulons-nous avoir la paix, au contraire, prenons des mesures pacifiques ; préparons-nous à la paix.

Dans l'état actuel de l'Europe, la Prusse est le grand obstacle à la paix des peuples. Puissance conquérante et envahissante, il lui faut une armée formidable, toujours prête à agir et à entrer en campagne. Son système militaire, chef-d'œuvre d'organisation, est une menace permanente pour les voisins, qu'elle oblige à des préparatifs analogues. Mais si cette organisation est admirable en elle-même, elle est loin d'être morale et bienfaisante, parce qu'il n'est pas naturel, il n'est pas digne d'un grand peuple d'obliger tous les citoyens à apprendre le métier des armes et de contraindre les pères de famille, à quelque condition qu'ils appartiennent, à quitter leurs femmes et leurs enfants pour envahir le territoire étranger. De tels préparatifs supposent des sentiments hostiles, des projets d'agrandissement ou d'oppression à l'égard d'autrui et la nation qui se les impose n'est pas pure. Criminelle dans l'intention, elle ne tarde pas à le devenir dans ses actes et à troubler le repos des autres. Tant qu'il existera sur le sol de l'Europe une puissance dénuée de tout scrupule et faisant le métier de forban, il n'y aura de sécurité pour personne. — Si la Prusse est une puissance pacifique, elle doit le prouver en réformant son système militaire. Si elle refuse, elle trahit ses projets ambitieux, et les peuples qui veulent sincèrement la paix, doivent se liguer pour l'y contraindre.

XXVI

Pour consolider la paix entre les peuples, il importe de multiplier les préliminaires de la guerre, afin d'éviter toute précipitation. Ainsi, dans aucun pays, le souverain ne devrait avoir seul le droit de la déclarer ; un tel pouvoir sur la tête d'un homme quel qu'il soit, est exorbitant. Le peuple entier, légalement consulté, est apte à dire s'il veut donner son sang et son or. La représentation nationale elle-même n'est pas suffisante. Sa décision, prise après un sérieux examen, devrait être sanctionnée par un plébiscite, annonçant cette résolution suprême.

Mais comme nul n'est bon juge dans sa propre cause, je voudrais que la décision ainsi formulée, fut portée devant un jury ou tribunal composé des représentants de toutes les puissances intéressées au maintien de la paix, qui déciderait s'il y a un *casus belli*. Ce jugement lui-même ne serait pas définitif, et pour donner à la partie qui se croirait lésée, toutes les garanties désirables, il y aurait, comme pour les procès ordinaires, une cour d'appel qui prononcerait en dernier ressort. Cet arrêt deviendrait exécutoire, c'est-à-dire que les deux parties seraient obligées de s'y soumettre. Si une d'elles refusait de souscrire, elle y serait contrainte par la coalition des puissances arbitrales, et je doute qu'aucun peuple osât résister à l'Europe coalisée pour faire exécuter la sentence qu'elle aurait rendue. On agirait à cet égard comme dans les procès ordinaires, où les personnes injustement condamnées, et cela peut arriver quelquefois, se soumettent par respect pour la justice du pays, comprenant que la société n'est pas possible si chacun s'insurge contre la chose jugée et veut se faire justice lui-même. Cet acquiescement ou cette soumission forcée de la partie récalcitrante, aurait dans tous les cas, moins d'inconvénients et de périls que le déchaînement de la guerre, qui, comme la boîte de Pandore, répand tous les maux dans le monde.

Je voudrais enfin que les précautions les plus sévères fussent prises contre les journalistes qui attisent le feu sans se brûler, aussi bien que contre les intrigants et les ambitieux ; je voudrais qu'on les mit à l'épreuve, qu'on les obligeât à payer de leur personne, à se rendre aux postes les plus périlleux afin de s'assurer de leur désintéressement, de leur patriotisme et de ne plus voir ceux qui troublent la paix des peuples, accaparer la gloire et le profit en cas de succès, pour disparaître en cas de revers, laissant leurs dupes dans la désolation, tandis qu'ils se consolent de leurs mécomptes dans quelque château princier, dans quelque résidence somptueuse d'où ils écrivent leur apologie et ménagent leur retour au pouvoir, en essayant de prouver qu'ils ne sont pas coupables et qu'ils ont bien fait de précipiter les peuples dans l'abîme.

En résumé, la guerre défensive est seule légitime. La guerre de conquête est criminelle, elle doit être proscrite de la société. Chaque état inscrirait alors sur sa bannière la belle devise de M. Frédéric Passy : « L'ARMÉE DE LA RÉPUBLIQUE FRANÇAISE NE PASSE JAMAIS LA FRONTIÈRE. »

Les divers moyens que nous venons d'indiquer pour affirmer la paix dans le monde présentent des difficultés d'exécution, mais elles ne sont pas insurmontables, et ma tâche se borne à montrer la voie ; c'est aux gens de bien de tous les pays à y marcher et à en hâter l'accomplissement.

XXVII

Je conclus donc que dans un sujet d'une importance capitale pour les familles et pour les peuples, nul n'a le droit d'être indifférent ou inactif. Que le préjugé en faveur de la guerre soit profondément enraciné dans le monde, cela n'est que trop vrai, mais il est loin d'être indestructible. Non-seulement la paix des peuples est possible, mais encore elle est certaine dans un avenir prochain, si chacun est fidèle à son devoir. Substituons au préjugé de la guerre le préjugé de la paix, et nous aurons fait un grand pas vers la solution désirée.

Constater la gravité et l'étendue d'un mal n'est point en admettre la nécessité, et sans poursuivre une utopie irréalisable, il nous est possible de concevoir un état social d'où la guerre soit bannie : tels que la Salente de Fénélon ou la République universelle des Etats-Unis d'Europe, conceptions grandioses, mais dont il ne faut pas attendre la réalisation des institutions humaines même les meilleures. L'Evangile mieux compris et plus généralement pratiqué peut seul procurer un tel résultat.

XXVIII

Mais l'Évangile, nous dira-t-on, est-ce donc pour la France une puissance nouvelle ? ne le connaît-elle pas depuis des siècles ? — Il ne suffit pas de connaître l'Évangile, de faire profession extérieure du Christianisme, il faut croire et vivre conformément à sa foi et c'est à cette condition seulement qu'il est permis d'espérer tous les fruits de cette religion divine, le plus puissant levier de la civilisation et du progrès. L'abolition de l'esclavage, ce principe essentiellement évanlique, n'a pu être réalisée que dans ces dernières années et la semence sainte est loin d'avoir encore porté tous ses fruits. Pour transformer et régénérer la société, pour détruire tous les germes de dissension, d'antagonisme et de luttes, il faut agir sur les âmes, il faut transformer et régénérer les cœurs de tous les individus qui composent cette société, et voilà précisément l'œuvre de l'Évangile. Si la guerre est une des plus déplorables conséquences du mal, il convient d'attaquer le mal dans sa source, et il ne saurait être remplacé que par la vie nouvelle qui a son principe en Jésus-Christ. Aucun malentendu ne doit subsister dans une question si grave. Les temps sont solennels. Dieu parle au milieu des tempêtes. Toutes les révolutions politiques qui ont fondé la puissance et la liberté des peuples ont reposé sur une rénovation religieuse. Toute crise sociale sera inféconde, si elle ne procède pas d'un réveil religieux et moral. Il importe de ne plus se contenter de l'apparence, de l'ombre d'une religion tardivement pratiquée, il faut posséder la substance et la réalité de cette religion, il faut qu'elle domine et inspire la vie tout entière, qu'elle soit une nourriture pour les âmes immortelles. C'est alors que l'Évangile cru et pratiqué, accepté par la France dans le plein et viril exercice de sa volonté, sera la source du relèvement, de la résurrection et du salut de notre malheureuse patrie. (1)

(1) Ce paragraphe, dû à la plume d'un ami sympathique à la cause de la paix, ne se trouve pas dans la première édition.

XXIX

Ne traitons donc plus d'utopie le problème de la paix universelle ; ce serait nous rendre complices du crime que nous poursuivons. Non, la guerre n'est pas une nécessité fatale, c'est un crime abominable dépendant de la volonté de l'homme et dont l'espèce humaine triomphera si elle veut. N'exhumons par l'antagonisme des races, comme si les hommes de toutes les latitudes n'étaient pas les enfants d'un même Père et les rachetés d'un même Sauveur. Pour combattre le mal qui nous travaille ce n'est pas trop du concours de tous et personne n'est dispensé d'apporter sa pierre, quelque petite qu'elle soit, à l'édifice de la paix. Qu'une noble émulation se manifeste de toutes parts. « Achetons la paix » comme dit le Sage. Elle ne nous coûtera jamais autant que la guerre et elle aura toujours des résultats plus honorables et plus féconds !.... GUERRE A LA GUERRE ! Que ce soit désormais notre mot de ralliement et que ce cri de délivrance, sortant de nos cœurs oppressés, retentisse d'un bout à l'autre de notre globe : GUERRE A LA GUERRE !

XXX

Chefs des peuples à qui Dieu a remis la puissance pour le bien de vos sujets, marchez à la tête de cette sainte croisade, et faites bénir votre nom en renonçant à une coutume odieuse. Résistez aux passions de la multitude, si l'opinion publique veut vous imposer la guerre ; résistez à vos propres passions, si l'ambition vous la conseille ! Songez que votre main doit signer l'acte qui la déchaîne et laissez-la sécher plutôt que de tracer cette signature maudite ! Songez aux horreurs que vous allez amasser sur votre pays et descendez du trône plutôt que de consentir à cette abomination ! Songez que Dieu vous a établis pour gouverner sagement votre peuple, non pour faire égorger ses enfants, et que votre sceptre soit un sceptre de paix et de justice pour punir les méchants et pour récompenser ceux qui font bien !

XXXI

Et vous peuples sur qui pèse si lourdement le fardeau de la guerre, affranchissez-vous de cette servitude à la fois honteuse et funeste !

Vous qu'on force d'être homicides et qu'on mène comme des troupeaux à la boucherie, pour réaliser les rêves de quelques esprits pervers ou de quelques cerveaux malades, peuples, relevez-vous et vivez ! Souvenez-vous que malgré les frontières qui nous séparent, malgré les uniformes qui nous distinguent, tous les peuples sont frères, et dites à ceux qui vous ordonnent de vous entre-détruire, que vous ne voulez pas faire comme Caïn ! — Si le souverain de votre pays, perdant tout sentiment moral, vous prescrivait un crime contre l'honneur ou la vie du prochain, vous vous inclineriez avec respect devant son autorité et vous répondriez : « que Dieu me soit en aide, je ne puis. » Vous vous concilieriez, par ce refus, l'estime et l'approbation universelles. — Et quand ce même souverain, égaré par les préjugés ou les passions, veut vous faire commettre vingt crimes en un seul, vous n'oseriez pas répondre respectueusement : « Comment ferais-je un si grand mal et pécherais-je contre Dieu ? » Vous me dites : *tue ! tue !...* quand Dieu m'a dit : *tu ne tueras point !* « Jugez vous-mêmes s'il est juste de vous obéir plutôt qu'à Dieu, » et si je ne dois pas jeter les armes meurtrières que vous voulez me faire prendre, pour observer le grand précepte de la loi. « Tu aimeras ton prochain comme toi-même. »

XXXII

Quand les Rois de ce monde, épouvantés des horreurs de la guerre, sentiront la noirceur de ce forfait, et reculeront devant la pensée d'outrepasser leurs pouvoirs en faisant périr les peuples dont le Roi des Rois leur a confié la garde ; quand les peuples recouvrant la dignité morale et apprenant à concilier les droits et les devoirs de l'obéissance chrétienne, *rendront à César ce qui appartient à César et à Dieu ce qui appartient à Dieu,* alors la guerre deviendra impossible parmi les hommes et nous pourrons dire avec vérité :

PAIX SUR LA TERRE !

La Rochelle, Typ. de A. SIRET.

SE TROUVE

A PARIS

CHEZ GRASSART, libraire, rue de la Paix, 2.
MEYRUEIS, libraire, rue de Rivoli, 33.
CHERBULIEZ, libraire, rue de Seine, 33.
PICHON ET Cie, libraires-éditeurs, rue Cujas, 14.
GUILLAUMIN ET Cie, libraires-éditeurs, rue Richelieu, 14.

A TOULOUSE

Au dépôt de Livres religieux, rue Remiguières, 7.
GORCE, libraire.

A DIJON

LAMARCHE, libraire.

A CASTRES (TARN)

BONNET, libraire.

A SAUJON (CHAR.-INF.)

MAUBERT, libraire.

A BORDEAUX

FOURAIGNAN, libraire, place de la Comedie.

A POITIERS

GIRARDIN, libraire.

A LYON

DENIS, libraire.

A NISMES

GARVE, libraire.

A MONTPELLIER

POUJOL, libraire, rue Argenterie, 24.

A ROCHEFORT

VALLET, libraire, place Colbert.

www.ingramcontent.com/pod-product-compliance
Lightning Source LLC
Chambersburg PA
CBHW060706050426
42451CB00010B/1303